AF336230

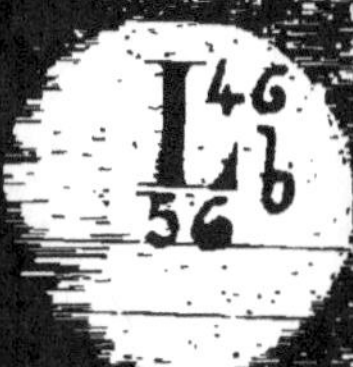

Lo. 46.
56.

DE
NAPOLÉON.

Publié par M. DE SENANCOUR.

Malheur aux Français dont les écrits tendraient à exciter une guerre civile, honte de la France, et triomphe ou espoir des étrangers! Mais le jour est venu où le calme intérieur doit renaître, et où l'on peut montrer qu'il n'y a point de motifs suffisans de chercher à remettre la chose en question. C'est le seul objet de ces notes écrites sans art. L'auteur desire avant tout le repos et l'inviolabilité de la France.

Que l'on ne s'y trompe point. Malgré des écarts, des violences et des fautes, Napoléon est le prince du siècle. Si vous voulez une république, assemblez donc les citoyens, et que toutes choses soient ce qu'elles devraient être. Que si, ne pouvant réunir tous les Français dans un pré comme les hommes de Schwitz, ou dans la place publique comme divers peuples de l'ancienne Europe, nous voulons à-la-fois et un chef et des lois du 19.e siècle, Napoléon peut être ce chef. Que l'on ne s'y trompe point, dis-je; les *défenseurs* de nos libertés forment deux classes opposées l'une à l'autre. La plus nombreuse se compose d'hommes qui veulent des troubles afin de jouer un rôle; ils desirent un prince faible. Dans l'autre, sont tous les individus sincères et qui n'ont point de prétentions politiques. Ennemie de l'autorité absolue, mais amie du repos, cette classe n'admettra ni des principes ou des dogmes insensés, ni des usages surannés ; elle pourra préférer le fils de la révolution : elle ne veut pas une charte accordée volontairement et octroyée, mais de véritables formes constitutionnelles.

Un étranger nous gouvernerait ! Ce mot tant répété n'est qu'une vaine allégation de l'esprit de parti. Est-ce comme étranger que le Général, le Consul ou l'Empereur s'éleva parmi nous ? Est-ce comme vainqueur de la France, que né ou naturalisé français, ce soldat de nos armées rendit la France victorieuse ? S'est-il emparé du pouvoir à l'aide de troupes étrangères, ou bien l'a-t-il saisi avec ses deux bras ? Enfin, est-il parmi nous ce que fut en Angleterre Guillaume-le-Normand ? Il y a dans ce mot d'étranger beaucoup de mauvaise foi. Si c'est comme français que Bonaparte a toujours agi, s'il n'a jamais arboré sur nos bastions que le drapeau français, évidemment il est l'un de nous ; et si même il l'est devenu par adoption, cette adoption n'a rien qu'on puisse reprocher à la France.

Quelles couleurs assureront l'indépendance de la patrie, celle de la génération qui est, ou celle de la génération qui fut ? L'ennemi craindra-t-il un drapeau que nos troupes ne veulent pas reconnaître, parcequ'en effet elles ne l'ont pas vu sur les champs de bataille, en Afrique et en Europe.

Puisque Napoléon fut admis par la France et reconnu par l'Europe, les Bourbons ne peuvent avoir des droits anciens. Ils devaient donc établir leur nouveau règne sur des titres nouveaux ; mais ils ont mieux aimé supposer encore réels ces droits perdus. Ils ont ainsi avoué que la force est la justice, ou que le droit se trouve dans le fait. Si la fortune rétablit Napoléon, il faut également le reconnaître. Au défaut du droit de naissance, droit que détruisit le règne de Napoléon déclaré légitime par les rois, les Bourbons eussent pu se procurer un consentement général exprimé d'une manière solennelle (1). Louis XVIII n'ayant pas jugé à propos de s'appuyer sur cette base du pouvoir, il est visible qu'une chose essentielle manque à la légitimité de son règne ; et cette chose essentielle, c'est ou sa propre opinion, ou celle de l'Europe, la France comprise. Alors l'évènement devient la seule loi ; et quoiqu'on en puisse dire, ou de l'aveu de Louis XVIII, ou de celui de l'Europe, le premier favori de la fortune qui s'emparera du trône gouvernera aussi légitimement que le descendant de l'usurpateur Hugues Capet. Cherchez à ceci quelque réponse sérieuse, ou retranchez de vos phrases irréfléchies le mot légitime pris dans cette acception.

Il fallait que Louis dit en entrant : Vous avez besoin de mon nom pour tout concilier avec quelque promptitude ; mais je viens comme votre nouvel ami, et non comme votre ancien maître : vous, citoyens, vous aurez une constitution ; et vous, militaires, vous conserverez les étendards de la victoire. Il fallait aussi que le congrès...... Jamais la Provence n'eût revu Napoléon sur ses rivages.

Un écrivain fameux, qui paraît être *revenu des royaumes de la solitude en croyant tout* (2), a cru que le dix-septième siècle pourrait revivre ; il a cru durable l'apparition des fantômes. Il a écrit, il y a quelques semaines : « Le Roi est fort, très-fort.... On peut » parler..... *conjurer* même ; cela ne fait de mal à per- » sonne. »

---

(1) Le droit politique sera plus favorable à Napoléon qui a demandé partout des signatures, etc. : quant au droit d'origine divine, l'Europe a professé une doctrine contraire. Et si les rois ont négligé de certains principes afin de terminer des guerres, imitons les afin d'éviter la guerre civile plus funeste encore.

(2) G. du C. Première partie, Liv. V, Chap. IV.

M. Comte vient de publier un écrit (mars 1815), où il décide fort bien, à certains égards, la question qu'il s'est proposée; mais cette question fait seulement partie de la question principale que M. Comte n'examine pas sous les autres rapports. Il faut se demander, avant tout, s'il y a pour la France quelque autre alternative probable, qu'une contre-révolution plus ou moins long-tems déguisée, ou une guerre civile, ou le rétablissement de Napoléon. Il serait encore à propos de voir si, même en ne tombant pas promptement dans les dangers d'une contre-révolution, la France jouirait long-tems d'une paix si malheureuse, ou bien si l'on résisterait avec une armée paralysée aux desseins généreux des grandes puissances, qui aujourd'hui traitent les petites avec tant d'amour, et qui, à l'égard de la France, n'ont jamais eu, comme on sait, l'intention d'épuiser les ressources, de diviser les intérêts, de partager les provinces. La question traitée par M. Comte se présentera plus naturellement, quand ces questions premières auront été résolues en faveur de notre liberté de choix; alors il faudra seulement éviter de confondre les espérances avec les faits, les dernières années de l'empire avec les années précédentes, une guerre générale avec une paix générale, la France puissante avec la France affaiblie, et un bienfait royal avec une constitution.

Et quand d'autres hommes insultent, dans leur puérile éloquence, celui qui dirigea, qui, pour ainsi dire, posséda ce que M. de B.... lui-même appelle *une puissance surhumaine, la plus formidable que le monde eût vue*, ceux-ci pensent montrer leur force d'esprit, et ceux-là faire croire à leur moralité; mais ce qu'on découvre surtout, c'est que les uns et les autres ne se sont pas même aperçu de l'extrême petitesse de leurs conceptions.

Il est vrai, je n'ai pas vu sans impatience que, depuis la retraite de l'Empereur, on voulût l'abaisser. L'eût-il mérité même, cela n'eût pas convenu à des Français ; trop d'idées se rattachaient au souvenir de sa grandeur. J'ai toujours été loin d'aimer sans réserve son administration ; mais enfin la superbe France était avec lui.

Je suppose qu'on ait élevé sur la place publique une statue, celle de la France : des gens viennent qui la renversent, qui la traînent dans la boue des fossés ; cela vous semble-t-il bon ? examinerez-vous si cette statue était d'un travail fini, ou si le marbre en était pur ? Misérables détails ! C'est la grande France qu'on insulte, qu'on veut immoler. Qui de vous la reconstruirait ? C'est une France chétive que vous prétendez faire. On aura quelques arpens dans la Belgique, on tâchera de les *obtenir* au Congrès ; et l'on a livré soixante places fortes que nos vingt ennemis n'eussent pas prises ! Ces hommes-ci, après avoir tout signé, dînent contens ; mais l'Empereur était debout quand on menaçait un village de l'empire.

L'Angleterre parvenant, avec l'or enfoui dans ses comtés inabordables, à renouer toujours de nouvelles coalitions, les entreprises de la France étaient d'une difficulté que les autres âges du monde n'avaient pas connue. On ne détruit plus les peuples ; on ne les transfère plus d'une contrée dans une autre. Les vaincus recommencent plusieurs fois la guerre. Et ces hommes qu'il fallait vaincre chaque année, n'étaient pas des Babyloniens amollis, des Numides soudoyés, des Gaulois désunis, des Mexicains sans armes ; c'étaient des Européens disciplinés et armés comme les Français. Il fallait de plus ou satisfaire ou contenir une population de trente, de cinquante, de soixante-dix millions d'individus. L'Angleterre, restant inaccessible, avait une grande facilité pour ranimer des peuples liés par tous les rapports du commerce, et par les nombreuses communications sociales des modernes. Ce système d'envahissement de Lisbonne à Smolensk, de Lubeck à Tarente, cet aggrandissement si rapide est sans exemple dans l'histoire entière ; et si une gelée très-forte n'eût remplacé la gelée ordinaire qu'on attendait pour traverser avec moins de pertes la Lithuanie, cette conquête eût pu se consolider, malgré tout ce qu'il y avait eu de hasardeux dans la prise de Moscou aux approches de l'hiver.

D'autres tems, d'autres soins. Il n'est plus question de Cadix et de Riga ; il ne s'agit plus d'être redouté partout ; il s'agit d'avoir la confiance des Français, et d'être long-tems dispensé de craindre ou d'inquiéter l'Europe.

La fortune le soutenait, disent-ils, et il avait seulement un caractère fort. Mais ne serait-ce rien que d'être un homme fort ? Quand les anciens monarques, les anciens capitaines faisaient des fautes, quand ils éprouvaient des revers, on disait : C'est un mauvais moment dans leur vie. Mais notre siècle veut de la correction dans sa politique comme dans sa littérature : il veut une chose bonne ; cependant il s'y attache trop, cela conduit à ne point discerner le génie.

Parce qu'il y a des lignes funestes dans l'histoire de son règne, on veut en arracher les belles pages ! Annibal eut des revers plus opiniâtres, et il passe encore pour l'un des premiers capitaines que le monde ait vus.

Napoléon a de grands désastres à réparer. La fortune a écrit sur ses pas : Un homme est peu de chose dans l'univers, et le plus grand des mortels ne serait encore qu'un être faible. C'est à lui de connaître cette vérité, de la sentir profondément pour ajouter à sa grandeur : mais c'est à vous d'avouer qu'il est grand parmi les hommes.

On a voulu rire de ce mot : Les armées ennemies fussent-elles à Montmartre, la France ne céderait pas un village. L'Empereur parlait des ennemis que la France avait alors, et il ne pouvait parler des défections qui eurent lieu plus tard, ni supposer l'infidélité de ses propres M........ (1) Il n'a pu dire : L'ennemi fût-il sur les hauteurs de Montmartre, j'aurais toujours été vainqueur ; il disait donc seulement : On ne désespérerait pas de l'avenir ; on ferait comme à Rome menacée par les Carthaginois. Il n'a pas voulu dire : L'ennemi fût-il posté près de Paris, au nombre de six cents mille hommes , moi, seul individu, je le repousserais. Voici donc ce qu'il fallait entendre : La France telle qu'elle est , avec ses dépendances, résisterait aux ennemis qu'elle a , si même ils étaient arrivés à Montmartre , et elle ferait encore une paix honorable. Ensuite une grande partie de l'Allemagne se décide , et l'Europe se trouve réunie contre l'ancienne France que divisent, et la proposition secrète du rétablissement des Bourbons , et l'influence des femmes agitées par les prêtres. Il est ridicule d'attribuer à cette situation nouvelle le mot dit auparavant. Et d'ailleurs, c'est encore une grande question de savoir, si l'Empereur mieux obéi, n'eût pas réduit les ennemis à se retirer. Enfin , il n'a réellement pas démembré l'empire , il a laissé à d'autres le soin de renoncer à la force de la France, et il lui reste encore cet avantage , qui , seul, peut effacer une partie de ses torts, de n'avoir pas signé l'étrange paix de 1814, l'abandon de la rive gauche du Rhin , et le despotisme maritime de l'Angleterre (2).

---

(1) C'est une suite déplorable de nos longues agitations. Toute bonne foi se perd : on ose employer le pouvoir qu'on a reçu contre celui même qui nous l'a confié ; n'ayant plus de sécurité , le prince ne sait comment rester équitable ; et le peuple aussi , voyant que l'on joint trop souvent à des qualités brillantes une conduite méprisable, ne sait plus quels hommes il doit considérer.

(2) Depuis cette paix , il y a plus de repos en France. — Je le crois. Le laboureur a plus de repos le dimanche ; mais

Quel est ce changement général opéré en Europe? A la place des armées, les vaisseaux apportent la loi; la prépondérance anglaise tient lieu de la prépondérance française. On n'a plus un Empereur aux formes rudes, mais un Empereur aux formes équivoques. Ce n'est pas le sceptre de Charles-le-Grand, c'est une branche de sapin d'Archangel pour le knout. Et ne dites point que le premier Charlemagne n'a pas été renversé. En 800, l'Europe ne pouvait se liguer, puisqu'il n'y avait point d'Europe; le seul empire d'Orient eût pu agir, mais il ne possédait pas assez de guinées pour le patriotisme des Illyriens et des Suèves.

En 1814, on souffre les insultes des Barbaresques, on opprime les Juifs, on envahit la Pologne : la populace et l'Inquisition règnent sur le Tage : le pavillon Anglais enveloppe l'Europe, et on aura pour la soutenir, les Jésuites. Que signifie cette traite des Nègres, proposée, acceptée, éludée, tour-à-tour odieuse ou ridicule? Imagine-t-on une plus mauvaise plaisanterie que cette promesse des Colonies Françaises ? Qui ne voit que dans tout ceci l'on n'avait au dehors qu'un dessein, d'accabler la France; et qu'au dedans tout se réduit, depuis vingt années, à la lutte entre le quatorzième siècle et le dix-neuvième.

On a représenté les chefs des nations unis contre l'usurpateur français, et Alexandre accomplissant enfin son projet de rétablir en Europe l'ancien état des choses pour la paix du monde. On ne saurait en imposer plus hardiment (1). Non-seulement tout cela est chi-

---

s'il faisait toujours dimanche, il n'y aurait point de récolte. Si la France faisait une seconde fois ce qu'elle a fait en 1814, il n'y aurait plus de France.

(1) On a su toutefois pousser encore plus loin le burlesque. On a inventé dans certains journaux une guerre fort belle, fort longue, fort tenace entre le génie de M. de Ch. et la

mérique, et le désintéressement d'Alexandre est devenu risible ; mais de plus les faits sont évidemment contraires. La paix de Tilsitt, le mariage de Napoléon, l'occupation actuelle de la Pologne, détruisent la supposition de ces grands projets en faveur de l'*indépendance* des divers États, et du rétablissement des Bourbons.

La marine, le commerce conviennent à l'Angleterre ; et il appartient à la France d'être belliqueuse : assurément cela ne veut pas dire, qu'à la manière de Rome, elle doive toujours faire la guerre ; mais qu'elle doit toujours être en état de la faire. Que nul ne soit grand en Europe, ou que la France ait une attitude imposante ; elle seule peut-être serait un jour capable d'être grande sans opprimer. C'est à elle, ce semble, qu'il est réservé d'obtenir, d'établir une paix durable. La guerre est toujours un mal, la paix n'est pas toujours un bien : espérons maintenant une noble paix.

On assure à Louis qu'il a pacifié l'Europe. Il a pu desirer de la pacifier, cela est même très-vraisemblable ; mais il n'a eu rien à faire que de monter les degrés des Tuileries. C'est le malheur de la France qui a pacifié l'Europe ; et si vous disiez qu'on doit à Louis un essai de paix générale, il faudrait ajouter, avec aussi peu de justice, qu'on lui doit la destruction de la puissance Française.

Il ne suffirait pas qu'un roi ne fît aucun mal. Les vertus d'un particulier sont insuffisantes dans un monarque. Un homme en place qui n'agirait pas, n'opérerait point le mal, mais il ne remplirait pas ses devoirs. On demande d'un prince qu'il fasse de grandes choses ; je veux dire celles qui sont réellement bonnes.

---

puissance de l'Empereur. Si quelques pour-parlers ou des complimens l'ont interrompue, c'est ce qu'on ne publie pas.

Dans des lieux paisibles, ce serait peut-être assez de rester irréprochable. Au milieu de l'Europe, et dans un siècle agité, il faut plus, il faut faire le bien. De louables intentions constitueraient seules le caractère royal à Owhyhée, mais en Europe il faut du génie. Jadis les Francs, en nommant leur roi, l'élevaient sur le bouclier. Pourquoi les femmes ne règnent-elles jamais en France ? Les femmes aussi pourraient être modérées et paisibles. Plusieurs individus méritent l'estime ou le respect, sans que ce soit un devoir de les saluer rois.

Dans un tems fécond en révolutions, ce n'est pas le mécontentement d'un parti qui empêche le gouvernement de se soutenir. Cela n'était vrai que chez les anciens ; aujourd'hui la police est assez forte contre les tentatives des factieux. Mais ce qui détruit les gouvernemens, c'est une simple bonne volonté probable, une sorte d'indolence : on croirait ainsi tout concilier ; cependant personne n'étant satisfait, l'on n'a personne pour soi, excepté les employés ; or, ceux-ci, on les a seulement jusqu'à ce que d'autres se présentent pour leur donner des appointemens semblables.

Je ne puis comprendre ce qui a été dit à la chambre des communes le 1.ᵉʳ août. « Pour défendre le trône, » nous abandonnerions même un droit sacré. » Comment abandonne-t-on un droit sacré ? Le trône est-il bon, si pour le défendre il faut abandonner de tels droits ? Enfin, n'étant point le peuple, mais les envoyés du peuple, avez-vous le droit d'abandonner, selon les fantaisies de votre zèle, un droit sacré ?

Quand il convient aux intérêts de ceux qui écrivent, de répéter que l'Empereur a dû tous ses succès à *ce qu'ils appellent des crimes politiques*, cette convenance même leur impose l'obligation de fournir des preuves positives ; ce que pourtant on a bien né-

gligé (1). Sans doute, on peut dire beaucoup de
choses contre les entreprises d'un capitaine qui voulut
ramener les tems où l'épée donnait les couronnes;
ces tems qui toutefois furent ceux où s'élevèrent les
premières dynasties de la France. On peut dire qu'il
lui eût paru trop simple de régner uniquement selon
la justice. Il fallait à sa prodigieuse activité un ouvrage
plus difficile, une perspective plus vaste. Il aimait ces
manœuvres qui se multiplient à l'infini, qui, après
un stratagème ou un coup hardi, exigent d'autres stra-
tagèmes et d'autres hardiesses, et après un traité de
paix, une nouvelle guerre, source de négociations
plus favorables. Se conformer aux goûts pacifiques,
ou si l'on veut à la mollesse de l'Europe actuelle, c'eût
été trop tôt fait ; la combattre offrait un avenir plus
animé. On peut dire encore plusieurs autres choses,
auxquelles on pourrait également en opposer plusieurs (2). Cependant un seul mot suffit, non pas
pour disculper en tout l'Empereur, mais pour changer

-----

(1) Et de même ceux qui pensent que Louis n'a point la
vigueur ou l'étendue d'esprit nécessaires dans de telles cir-
constances , doivent néanmoins , ou *prouver* qu'il n'était pas
sincère , ou le respecter.

(2) On rejète sur l'Empereur tous les vices de ses agens ,
et presque toute la corruption européenne. A la vérité, le
prince est responsable de ce qui se fait impunément en son
nom , mais il ne faut pas aller jusqu'à lui attribuer l'intention
du mal qu'il a négligé d'arrêter.

On cite de la jeunesse de Napoléon quelques lignes som-
bres et un peu farouches. Dès ce temps il sentait peser sur sa
volonté même le fardeau de sa grande destinée. Son idée
principale semble toujours avoir été celle de l'accomplisse-
ment des choses ; on l'a très-bien appelé l'homme du destin.
Mais on a vu des têtes altières , muries par les épreuves et
par le temps , devenir plus sages, plus vénérables. La voix
âpre du marin qui tient le gouvernail au milieu des tempêtes,
perdra sa rudesse quand le sifflement des vents s'appaisera.

l'état de la question ; et ce mot, l'Angleterre le confirme par sa conduite récente. L'Angleterre prend soin de rappeler que l'Europe avait, comme la France, un secret ennemi qui lui défendait le repos. Qui ne sait que Pierre I.er a contrarié sans cesse et fatigué la Russie ; son pays le maudissait, et aujourd'hui Pierre en fait l'orgueil.

Il est certain que l'Empereur n'avait pas assez consulté l'opinion. Quand on ne peut pas la suivre, il faut seulement la rectifier, et non prétendre la diriger ; sur-tout il ne faut pas entreprendre de la diriger brusquement et officiellement. Celui-là seul qui, en régnant par la grâce de Dieu, aurait reçu les lumières de l'Esprit-Saint, pourrait annoncer qu'il éclaire l'esprit public.

La sourde résistance de l'opinion devient toujours funeste ; si elle ne provoque pas une crise, du moins elle ébranle tous les principes nécessaires à l'ordre public. Mécontente d'une administration plus pesante qu'exacte dans les derniers tems, la France oublia les diverses époques antérieures, et se figura que l'interruption de ses peines serait le commencement de son bonheur ; cette idée chimérique lui a coûté des royaumes, et lui a donné en échange un cheval blanc sur le Pont-Neuf. Quant à la paix durable, l'Europe en était plus éloignée en 1814 qu'en 1811.

On a dit, il y a dix ans : La révolution est finie ; mais l'a-t-on fait voir ? L'inquiétude des petits esprits qui obsédaient l'Empereur, lui a fait prendre de fausses mesures, et suivre une marche qui aurait été timide, s'il avait été faible lui-même, et qui devint soucieuse et inquiète, parce qu'il n'y avait pas d'accord entre ses volontés et leur adresse, parce que la force de son caractère pesait sur les gouvernans, dont l'esprit subalterne se dédommageait aux dépens des *gouvernés*.

Ceux qui pensent que Napoléon, en restant Consul,

eût été plus puissant, ne disent pas une chose déraisonnable. Le système contraire lui a ôté l'avantage d'être visiblement l'homme du 19.ᵉ siècle; alors il n'a pu opposer à l'esprit des vieux tems, aux maximes dont une grande Puissance se sert contre les autres, sans les adopter pour elle-même, il n'a pu opposer aux antiques habitudes, que sa fortune personnelle qui n'excluait pas la possibilité d'un grand revers.

Cependant, l'Empereur lui-même n'est pas connu, et je ne juge ici que d'après des notions peu certaines. On ne peut dire que par sa conduite il se soit déclaré irrévocablement : on ne l'a pas vu libre à la suite d'une paix générale de quelque durée. Il lui reste encore à manifester une pensée secrète, et à se montrer l'homme exactement juste, comme il s'est montré l'homme fort.

Au milieu du mouvement des esprits en Occident, et après une révolution mémorable, la rectitude doit être le moyen même du génie. De grandes vues d'utilité publique conviennent seules désormais à une haute ambition. Il n'est pas indispensable de plaire à tous (de qui pourrait-on l'exiger!); mais d'être ou admiré, ou approuvé de presque tous. Tel serait le Prince du 19.ᵉ siècle, celui devant qui toutes les factions se tairaient, devant qui échoueraient les intrigues salariées. Napoléon est plus près qu'aucun autre d'être le grand homme de nos jours. Qu'il le soit donc! qu'il achève par une heureuse conception, ou, si l'on veut, par une fantaisie sublime, le bel ouvrage de son audace et de sa fortune! Qu'il se place ainsi à la tête de la moderne Europe, en opposition à cette Europe antérieure qui vieillit chaque jour. Tout la vieillit, jusqu'aux efforts tentés pour la conserver, pour la reproduire. Toutes les révolutions, et même celle de 1814, pourvu qu'elles soient rapprochées les unes des autres, préparent des événemens qui auraient paru chimériques, il y a trente ans, et rendent surannées les vieilles maximes des trônes du moyen âge. Toute expérience nouvelle affaiblit le prestige des anciens mots ; et tandis que les héritiers du 16.ᵉ siècle s'agitent, l'homme du 19.ᵉ grandit au-dessus d'eux. Il n'est pas jusqu'aux injures répétées contre lui, qui n'apprennent aux peuples que les têtes couronnées n'ont rien de divin, et que le potentat redevient homme quand la fortune s'éloigne. Si donc il est un Prince que la fortune n'ait paru quitter que pour faire sentir au commun des esprits combien étaient vaines les promesses des autres monarques ; s'ils paraissent n'avoir été réunis sur le Danube que pour trouver une occasion d'ôter l'un devant l'autre, le masque applaudi par la multitude ; si maintenant tout est connu ; si l'on sait qu'un peuple, qui, en comparaison de plusieurs autres, est éclairé dans son ignorance, et magnanime ou aimable jusque dans ses faiblesses, desire voir sous le casque de son héros, non pas les traits de Mars seulement, mais toute la tête de Minerve ; si, dis-je, le moment est venu d'arrêter à-la-fois et de consolider les effets de la révolution, de les régulariser et de les maintenir pour jamais : voilà ce qui est réservé à celui que l'Europe ne connaît pas bien encore ; voilà une gloire neuve et immense. — «Lorsqu'il s'est agi de combattre avant tout, j'ai été le guide des Aigles, parce que le vol des Aigles françaises était celui de la victoire. Lorsqu'il s'est agi de réunir contre la puissance maritime les divers chefs de l'Europe, je me suis fait l'un d'eux, et j'ai paru céder aux vieilles coutumes de ces gouvernemens dont l'art consiste dans les précautions, et la grandeur dans la crainte qu'on inspire. Aujourd'hui je ne suis plus entraîné par ces desseins accidentels, je redeviens ce que m'avaient fait et le sort et mes premières volontés : je suis le protecteur de la grande société moderne contre l'esprit de routine et de superstition, contre les systèmes qui ne conviennent plus au temps, et contre les rigueurs qui soutiennent si mal les trônes. »

Je parle ici avec l'indépendance qui appartient aux hommes dont les intentions sont droites; et j'y joins l'entière liberté du moment, cette liberté que le passage d'une situation politique à une autre situation, peut laisser à quiconque n'a fait aucune promesse et n'a reçu aucune faveur. Placé, pour ainsi dire, hors des rangs de la société par mes habitudes presque solitaires, je ne dois dans de tels momens au chef de l'Etat que cette considération profonde, mais raisonnée, qu'inspirent les hommes supérieurs. Comme Français, je saisis l'instant de dire sans réserve ce que je crois être la vérité. Si, à plusieurs égards, on y trouve une sorte d'apologie de l'homme puissant, on ne me la reprochera pas : qu'on daigne se souvenir que je n'ai point parlé de lui lorsqu'il régnait ; mais que j'ai dit, il y a huit mois et cinq mois, tout ce que j'ai cru pouvoir dire. N'ayant appartenu en aucun temps à aucun parti, je ne puis avoir d'autre premier desir que de voir les Français écouter le chef que la nature des choses nous présente comme le seul homme qui, au point où l'on est parvenu, puisse à-la-fois calmer et soutenir l'état.

Dans cette heure où rien n'empêche de dire sa pensée, je le conjure d'écouter et la patrie, et l'esprit du temps, et les vrais intérêts de sa gloire colossale : je le conjure de s'arrêter à ces idées simples, mais frappantes, que toute puissance humaine vient des hommes et non d'un homme ; que la France qui pourrait hésiter devant le héros, n'a rien à opposer contre le véritable génie; et qu'enfin, quelle que soit dans l'Europe, la corruption des grands et des faibles, l'autorité de la raison constamment suivie, est la seule qui puisse terminer les troubles de l'Europe.

SE TROUVE

Chez M. Laurent-Beaupré, Libraire, Galerie de bois, n.º 218, et chez les marchands de nouveautés.

De l'Imprimerie d'Abel LANOE, rue de la Harpe, n.º 78.